Bibliografische Information der Deutschen Nationalbibliothek:

Die Deutsche Bibliothek verzeichnet diese Publikation in der Deutschen National-
bibliografie; detaillierte bibliografische Daten sind im Internet über http://dnb.d-
nb.de/ abrufbar.

Impressum:

Copyright © 2016 GRIN Verlag, Open Publishing GmbH
Druck und Bindung: Books on Demand GmbH, Norderstedt Germany
ISBN: 978-3-668-17195-4

Dieses Buch bei GRIN:

http://www.grin.com/de/e-book/317849/tiefgreifende-analysen-und-schilderungen-
ueber-die-epoche-des-imperialismus

Mike G.

Tiefgreifende Analysen und Schilderungen über die Epoche des Imperialismus. Die Zeit der Aufteilung der unbekannten Welt

Lernzusammenfassung

GRIN Verlag

GRIN - Your knowledge has value

Der GRIN Verlag publiziert seit 1998 wissenschaftliche Arbeiten von Studenten, Hochschullehrern und anderen Akademikern als eBook und gedrucktes Buch. Die Verlagswebsite www.grin.com ist die ideale Plattform zur Veröffentlichung von Hausarbeiten, Abschlussarbeiten, wissenschaftlichen Aufsätzen, Dissertationen und Fachbüchern.

Die Phase des Imperialismus 1870er - 1918

Vorwort

Die Reaktion des europäischen Auslandes auf die deutsche Staatsgründung ist eher ernüchternd, wenn nicht sogar feindlich zu bewerten. Besonders das Vereinte Königreich England befürchtete ein wirtschaftliches Ungleichgewicht auf dem europäischem Festland. Als 1872 der Oppositionsführer Disraeli ein neues, besseres koloniales (Welt-)Reich forderte, traf dies auf breite Zustimmung. Die folgenden Ereignisse sind in dieser Arbeit äußerst detailliert wiedergegeben und analysiert worden. Es kann als Prüfungsvorbereitung für diverse Oberstufenklausuren von Gymnasien oder auch als Hintergrundinformation für Semesterarbeiten verwendet werden. Gelb hinterlegt sind Zusammenfassungen zeitgenössischer Quellen, welche den Inhalt dieser Arbeit stützen.

- Im letztem Drittel des **15. Jhdt** beginnt planmäßige Erschließung Mittel- und Südamerikas.
  - Kolonien sollten nur Agrar-Rohstoffe produzieren und exportieren (vor allem Gold und Silber).
  - In Mittel- und Südamerika wurden Minen und Plantagen (Zucker, Kaffee, Kakao) durch Zwangsarbeit betrieben.
  - In Asien suchte man friedlichen Kontakt durch eigene Küstenstädte.
- Imperialismus war nur möglich geworden mit Wissen, dass Erde kreisförmig ist, durch genaue Kartographie, Verbesserungen der Nautik (neue Schiffe).
- Rechtfertigung durch Kreuzzuggedanken, jedoch in Wirklichkeit „Beutekapitalismus", welcher nur viele Reichtümer ans Land ziehen will.
  - Sklavenhandel und unheimische Rohstoffe brachten hohe Gewinne.
  - => Folgen: Traditionen zerstört, brutales Vorgehen und Seuchen rotten große Bevölkerungsteile aus.
- **1869** Suezkanal vollendet als wichtigster Handelsweg von London nach Indien.
- **Anstoß zum Imperialismus von England in 1870er Jahren.**
- **1872** Rede des englischen Oppositionsführers Disraeli: *„Es sei Pflicht jedes Ministers koloniales Weltreich wieder aufzubauen".*
  - **Läutet Beginn des <u>Hochimperialismus</u> ein.**
- Wegen deutscher Nationsgründung wurde Rede gehalten und ist deshalb so gut angekommen, man fürchtete Konkurrenz, weniger aus wirtschaftlichen Gründen argumentiert.
- **1870er – 1880er** Imperialismus wurde angefacht, Höhepunkt war Erster Weltkrieg.
- Viele Kolonien in kürzester Zeit, begleitet von Rivalitäten zwischen europäischen Großmächten und zwischen USA und Japan.

> **Wichtig!**
> **Situation in England.**
> Wegen amerikanischer Unabhängigkeit wollte Öffentlichkeit keine direkte Herrschaft mehr in Kolonien sondern nur noch freien Zugang zum Handel und Selbstverwaltung der Kolonien. England als Ursprungsland der Industrialisierung konnte Prinzip des Freihandels nur wegen Flottenüberlegenheit und System von Handelsstützpunkten aufrecht erhalten.

- Großmächte waren militärisch, technologisch und wirtschaftlich so sehr überlegen, dass Eingeborene keine Chance auf Widerstand hatten.
  - => Einzige **Einschränkung des Imperialismus** waren die Interessen der Großmächte.
- **Chauvinistischer Imperialismus** entstand mit ökonomischen, machtpolitischen, nationalistischen und rassistischen Motiven.
- Frankreich, Russland, Deutschland, USA und Japan meinen, nicht hinterherhinken zu dürfen, weshalb **Wettrennen zur Aufteilung der Welt** entstand.
- Im *Frühimperialismus* informelle, indirekte Kontrolle über Kolonien.
- *Hochimperialismus* kehrt zur formalen Herrschaft durch militärische Besetzung und Ausübung der politischen und verfassungsmäßigen Kontrolle.

> **Cape-to-Cairo-Idee:** England wollte von südafrikanischen Kapkolonien nach Ägypten vordringen, auf Weg ganz Afrika einnehmen.

- Deshalb musste Herrschaft stärker, formaler ausgeübt werden, Eingeborene werden direkter Kontrolle unterworfen.
- **Formen der Kolonialisierung.**
- **1. Handelspolitische Nutzung.**
- Handelsaustausch und wirtschaftliche Durchdringung.
- England nimmt sich alle Bodenschätze einer Kolonie, verarbeitet sie in Heimat und verkauft sie in Kolonie, vorhandene Industrieanlagen in Kolonie werden zerstört.
- **2. Verkehrstechnische Erschließung.**
- Neue Investitionsmöglichkeiten für Investoren schaffen, durch westliches Kapital Kolonie abhängig machen und wirtschaftlich aufbauen für spätere Ausbeutung.

- **3. Kulturelle Beeinflussung.**
- Arbeitsverfassungen eingeführt, welche einheimische Arbeiter erzwingen.
- Eigentums- und Rechtsverhältnisse definiert, um Verfügung über Grund und Boden sowie eigenen Herrschaftsanspruch zu legitimieren
  => Besonders effektiv, da Kolonien kulturell, wirtschaftlich und politisch von Großmächten abhängig wurden.
- Zwar anfänglich Unterschiede in <u>friedlichen Kollaboration</u> und <u>direkten Landnahme</u>, in Praxis aber fließend ineinander übergegangen.
- **Imperialismustheorien.**
- **Wirtschaftliche Interessen.**
- **Hobson:** Ungleiche Verteilung des Sozialprodukts zwinge Kapitaleigner zu Investitionen in Übersee, welche Staat absichern muss.
- **Lenin:** Imperialismus ist direkte Folge des Kapitalismus. Kapitalismuskrisen sorgen für Suche nach neuen Ausbeutungsobjekte für Kapitalgeber um Arbeiter mit Gewinnen zu bestechen.
  - Sozialistische Theorie verwendet Begriff Imperialismus um auf Vorherrschaft der USA und ökonomische Abhängigkeit 3. Welt hinzuweisen, nichtsozialistische Länder als Verstärkung des Imperialismus angesehen.
- Erschließung neuer Märkte, Ausbau der Wirtschaft, Investitionsmöglichkeiten und Absatzmärkte schaffen, u.ä. um Rohstoffnachfrage zu decken.
- **Religiöse Missionierung** und **Kulturarbeit.**
- Verbreitung des Christentums, Zivilisierung der „wilden Völker".
  → Weltweite Ausbreitung von Zivilisation, Handel und Industrie als **Mission** verstanden.
- **Prestigegewinn (national-psychischer Ansatz).**
- Anzahl und Größe des Empires zeigt Macht des Staates und stärkt nationales Selbstwertgefühl, von nationaler Euphorie getriebenes Volk drängt Regierung zur Expansion.
- Deutschland als Nachzügler hatte kaum noch Gebiete zum Besetzen und trieb internationalen Spannungen und Rivalitäten an.
  - Geographen, Topographen und Kartografen versuchten historisch-räumliche Ansprüche der Deutschen herzuleiten.
    → Spannungen um Gebiete z.B. in Afrika entluden sich in Europa.
- **Sozialimperialismus.**
- Ablenkung der innenpolitischen Missstände durch Erfolge des Imperialismus, legitimieren politisches Machtgefüge und Sozialhierarchie. Verhindern Zusammenbruch des Systems, unliebsame Personen und Probleme wurden exportiert (→ Australien).
- **Gescheiterte Kooperation mit Einheimischen (Peripherieorientierter Ansatz).**
- Verhandlungen mit einheimischen Eliten und Großmächten scheiterten, Imperialismus als Reaktion auf unbefriedigte Verhältnisse an Peripherie.
- Imperialismus ist kein gradliniger Prozess der Geschichte und kann kaum gedeutet werden.
- **Imperialismustheorien** sind standortbezogen, verfolgen unterschiedliche Ziele (Ausgrenzung, Legitimation).
- Nichtmarxistische Historiker fordern Begriff Imperialismus exakt auf einen Standort zu beziehen, da es ein universalhistorisches Phänomen war.
- **Pluralistischer Erklärungsansatz** vereint einige Deutungshypothesen, da keine Vielschichtigkeit des Hochimperialismus erfassen kann.
- Motive waren ökonomische und soziale Entwicklung der Großmächte.
- Staaten erlebten rasantes industrielles Wachstum und politische Modernisierung (neue soziale Schichten (Arbeiter) entstanden, formierten ihre politischen Ansprüche).
- Großmächte waren technologisch und machtpolitisch überlegener als traditionelle Staaten, sodass Peripherieländer geistig, materiell und militärisch nicht mithalten konnten.

- Territoriale Ausdehnung der Großstaaten traf auf wenig Widerstand.
- Sozialökonomische, technologische, militärische Überlegenheit trennt Hochimperialismus von Kolonial- und Handelsexpansion.
- Frankreich war Konkurrent von England da es Niederlage im deutsch-französischem Krieg ausgleichen wollte.
- Suchte nach Ersatz für verlorene europäische Vormachtstellung, welche durch deutsche Isolationspolitik verstärkt wurde und nach Anlagemöglichkeiten in China und Afrika.
- **1880 – 1885 Amtszeit von Jules Ferry in Frankreich.**
- Offensive Politik, da Furcht wie Spanien zur <u>zweitrangigen</u> <u>Kolonialmacht</u> zu werden.
- **Anfang der 1880er** wuchsen ökonomischen Interessen durch europäische und amerikanische Konkurrenz.
- <u>Verschmelzung von ökonomischen und nationalistischen Interessen</u>, da Angst, Stellung als Großmacht einbüßen zu müssen.
- **Ziel des britischen Empires** war Afrika, da
- 1. Afrika war unentschlossen.
  - Suezkanal vollendet als wichtigster Handelsweg von London nach Indien.

> **Zeitgenössischer Blick!**
> **Definition von**
> **Imperialismus.**
> *Periode des Konkurrenz-kampfes europäischer Großmächte und USA um Verteilung der vermeintlich <u>herrenlosen Welt.</u>*

- 2. Durch hervorragende geographische Lage und strategischer Bedeutung war Ägypten ein Ziel.
- 27. April 1884 Bismarck weist den deutschen Konsul in Kapstadt an, Besitz des Kaufmanns Lüderitz in Südwestafrika unter deutschen Schutz zu stellen.
  => **Geburtsstunde des deutschen Imperialismus.**
- **Juli 1884 Togo** und **Kamerun** werden zu deutschen Kolonien.
- Annexion des Besitzes des deutschen Eroberers Carl Peters.
- Bismarck setzte nur private Initiative, daher kaum staatliche Unterstützung in Ostafrika.
- **Kolonisatoren** Lüderitz, Peters, Nachtigall nur militärischen Schutz und grundlegende Verwaltungsaufgaben gewährt.
- Bismarck erkannte Einfluss privater Kolonisatoren auf Öffentlichkeit, darum Kolonien verstaatlicht.
- Möglicherweise wollte Bismarck auch von innerpolitischen Problemen ablenken.
- Erstrebte *koloniale Kooperation* mit **Frankreich** um dessen Beziehungen zu England zu schwächen.
- Bismarcks Strategie, Beteiligung in Kolonien so gering wie möglich zu halten, war langfristig unmöglich.
- Aufstände der Ureinwohner, medizinische Versorgung und Ungezieferbekämpfung stellten privaten Unternehmer vor große Aufgaben.
- Verhaltensweise deutscher Kolonisatoren belastend, darum Reichsbeamte und Militärmissionen entsandt.

> **Wichtig!**
> **'The flag follows the trade'**
> Wie England will Bismarck Handelsempire aufbauen, Kolonien „Schutzgebiete" genannt, Bankenkapital hielt sich zurück, Idee funktionierte nicht.

  => **Weg zur direkten Territorialherrschaft.**
- **1884 – 1890 Koloniale 'Experimentierphase'.**
  → Scheitern vorherbestimmt.
- USA kam als weiterer Konkurrent der europäischen Großmächte auf.
- Betrieben imperiale Politik, obwohl Staat aus Auflehnung der Unterdrückten gegen Unterdrücker entstanden ist.
- Wehler nennt ökonomische, politische, militärische Expansionen der USA ein Merkmal deren „expanding society.“
  - Vom Anfang an wurde Wohlfahrt Amerikas durch imperiale Prozesse bestimmt (Verdrängung

der Indianer, Mexikaner etc.).
- Als USA Pazifikküste erreicht haben, verlangte Öffentlichkeit nach Überseekolonien.
- „Manifest destiny:" Amerikaner verstanden eigene Werte als gottgewollt, darum zu verbreiten gesucht.
- Machtpolitische und zivilisatorische Ansprüche verbanden sich unter religiöser Außerwähltheitsgewissheit.

Diskussion über die Kolonialfrage.

Übersicht der Standpunkte		
SPD (Liebknecht)	**Zentrum (Rintelen)**	**Bevölkerung (Peters)**
Soziale Frage nicht exportieren, im Inland lösen.	Kein wirtschaftlicher Nutzen, nur Angriffsstellen wenn Kolonien.	Machtpolitische Ansprüche Deutschlands in der Welt durchsetzen, Stärke & Macht demonstrieren

- **4. März 1885 Rede Liebknechts (SPD) vor dem Reichstag (536/M5).**
- Sozialreformen bestimmen Zeit, Kolonialfrage nur Teil davon.
- Kolonialfrage nicht mehr nüchtern-erwägend betrachtet, sondern chauvinistisch, patriotisch und national-enthusiastisch.
- Kolonialpolitik nur um Überproduktion und -bevölkerung zu steuern.
- Im Maße wie es behauptet wird, gibt es weder Überproduktion noch Überbevölkerung.
  - Deutsche Industriekapazitäten wachsen auf Volksverarmung, Auswanderer stammen aus dünnbesiedelten Gebieten.
- Potential Deutschlands mit Organisation der Industriearbeit und wissenschaftlichem Betreiben des Ackerbaus zu erhöhen.
  => Überbevölkerung liegt an mangelnden sozialen und wirtschaftlichen Einrichtungen.
- Fabrikanten beklagen fehlenden Absatz, da deutsche Kaufkraft zu gering sei.
- Nationalreichtum baut auf Massenarmut auf, darum führt Steigerung der Produktion zur Steigerung der Massenarmut.
  => Nationaler Missstand: Produktion steigt, Konsumfähigkeit schwindet → <u>Muss</u> beseitigt werden.
- Kolonialpolitik exportiert soziale Frage indem sie Fata Morgana herbeiführt, welche Volk Reichtum und bessere Zeiten vorgaukelt und bei Laune hält (Panem et circenses).
- Liebknecht kann Wettrennen der Kulturnationen nachvollziehen.
- Bürgerliche Bevölkerung erkennt Missverhältnis zw. Produktion und Verbrauch, da es überall gültig ist.
- Da Waren nicht gekauft werden, wendet man sich nach außen, sucht neue Märkte.
  - Darum hat England China als Absatzmarkt für Opium eingemauert.
  - Heute suchen alle Nationen neue Märkte.
- Bsp. England zeigt, dass Kolonialpolitik soziale Frage nicht lösen kann.
- Letzter Versuch der Bürger sich vergebens vorm Bankrott zu retten.
  => Soziale Frage kann nur im Inland gelöst werden, nicht durch Kolonien.
- **Kritik am Export der sozialen Frage.**
- In Bezug auf soziale Aspekte und Bevölkerungsdichte kann man Liebknecht zustimmen.
- Kaufkraft erhöhen und Absatzmärkte zu schaffen ist im Inland ausbaufähig.
- Totentanz im Zusammenhang mit Kolonialwettrennen erscheint als realistisch, Zukunftsvisionen (1. WK und Folgen).
- Totentanz in Bezug auf bürgerliche Gesellschaft ideologisch gefärbte Beurteilung, da bürgerliche Gesellschaft und bürgerlicher Wohlstand langfristig gestärkt wurde.
- **Aber**: Trotz realistischen Ansatzes entspricht seine Meinung nicht dem Zeitgeist.
- **13. März 1885 Rede Rintelens (Zentrum) vor dem Reichstag (537/M6).**

- Import aus Mutterland muss bei Kolonialpolitik erwogen werden.
- Es gibt 2 Systeme von Kolonien.
- **1.** Kolonie als Teil des Mutterlandes, daher zollfreier Handel.
  - Dringend benötigte Zolleinnahmen fallen weg, Konkurrenz zu heimischen Naturalien (Wolle, Weizen).
- **2.** Kolonie als Ausland angesehen.
  - Waren mit gleichen Zöllen wie Ausland importieren, dann aber kein Unterschied zu Ausland und Kolonie.
  => Kein Vorteil für das Vaterland vom Koloniebesitz.
- Lediglich Händler profitieren von Kolonien, auf Kosten des Staates.
- Es heißt, Deutsches Reich müsse große, nationale Politik betreiben um mit Großmächten mithalten zu können.
  => Deutsches Reich betreibt diese Politik mit Reichsgründung.
- Nähere Bindung zu Österreich macht Deutsches Reich unangreifbar.
- Dankt Reichskanzler für diese großen Taten.
- Deutsches Machtwort gilt in Kulturstaaten als entscheidend, durch Einigung haben wir unangreifbare Stellung in Welt.
  → Das ist nationale Politik!
- Kolonien schaffen Angriffspunkte und Schwachstellen.
- Eingeborene und Nachbarn lehnen sich gegen Herrschaft auf.
  - Triumph nicht bezweifelt, jedoch kostet Sieg Blut und Geld.
- **Argumentation.**
- Skepsis gegenüber wirtschaftlichen Nutzen von Kolonien.
- Zollfreiheit bei Einfuhr aus Kolonien: Keine Einnahme für Staat und Konkurrenz zu Waren aus Mutterland.
- Erhebung von Zöllen: Kein Vorteil im Vergleich zu Einfuhr aus anderen Ländern.
  => Rinteln sieht Vorteile von Kolonien nicht für Nation, sondern für Kaufleute u.a.
- Befürchtungen: Konflikte können aufgrund des deutschen Chauvinismus herbeigeführt werden und auch zu Intrigen führen (sowohl innerhalb der Kolonien, als auch innerhalb Europas).
- Lob für Bismarcks Politik: Reichsgründung, Status quo, Saturiertheit und Bündnis mit Österreich-Ungarn.
- **28. März 1885 Ausruf der Gesellschaft für deutsche Kolonisation von Carl Peters (535/M4).**
- Deutschland ist bei Verteilung der Welt seit 15 Jahrhundert leer ausgegangen.
- Andere europäische Staaten besitzen Kolonien, worin Sprache und Kultur fest verwurzelt sind.
- Deutsche außerhalb Deutschlands immer Fremdlinge, müssen sich gleichgültigen / feindlichen Nationen fügen.
- Deutsches Reich, welches Einheit mit Blut errungen hat, ist führende Macht in Europa.
- Strom deutscher Auswanderer verliert Identität in anderen Nationen → Deutschtum in Gefahr.
- 20.000 Deutsche verlassen jährlich Vaterland, unterstützen ausländische Wirtschaft, großer Nachteil für deutsche Wirtschaft.
- Import tropischer Waren von Kolonien unterstützt Großmächte mit deutschem Kapital.
- Deutscher Export von ausländischer Zollpolitik abhängig, kein sicherer Absatzmarkt vorhanden.
- Nationale Missstände durch tatkräftiges und praktisches Handeln zu lösen.
- Gesellschaft nimmt Kolonisation selbst in Hand und arbeitet gemeinsam mit ähnlichen Vereinigungen.
- Deutschland ist bereit für allgemein-patriotische Unternehmungen Opfer zu bringen.
- Lösung dieser großen, geschichtlichen Aufgabe soll mit Tatendrang angegangen werden.
- Jeder Deutsche soll sich der Nation anschließen um Größe und Ehre derer zu verbessern.
- Man müsse versäumte Zeit von Jahrhunderten aufholen.

- Deutsches Volk muss beweisen, dass alte Reichsherrlichkeit (Heiliges römisches Reich deutscher Nation) wieder erscheint.
- **Ansätze zur kritischen Beurteilung.**
- Wegen Kleinstaaterei war keine Seefahrertradition möglich, Imperialismus konnte nicht angegangen werden.
- Bismarck lehnte aktive Kolonialpolitik ab.
- Menschen haben sich häufig aus religiösen oder politischen Gründen für Auswanderung entschieden (Darum deutsche Kolonien nicht attraktiv.)
- Kolonien als Absatzmärkte fraglich, Wirtschaft im Inland war durchaus stark und weiter ausbaufähig.
  (Bsp. Stahl, Maschinenbau, Qualitätssiegel *„Made in Germany"*)
  => Peters trifft den Zeitgeist, Erwerb von Kolonien um nationale Größe zu repräsentieren, entsprach Kurs von Wilhelm II.

- Private Kolonialgesellschaften übernahmen Initiative im Imperialismus.

Vereintes Königreich		
1886 *„Royal Niger Company"*	**1888** *„British East Africa Company"*	**1889** *„British South Africa Company"*

Deutsches Reich	
1885 *„Gesellschaft für deutsche Kolonisation"*	**1891** *„Alldeutscher Verband"*

- **1890 - 1896** Amtszeit Rhodes als Ministerpräsident der Kapkolonie.
- Gründer von Simbabwe, wollte Empire unbedingt ausbauen, zur Not gegen Regierung **(Subimperialismus)**.
- Vertrat national-rassistische Interessen, welche langsam im Volk aufkamen.
- **1890er** Amerikanische, imperiale Ideologie bekommt ökonomische Komponente.
- Aufstieg zur Industriemacht und größtem Agrarmittelexporteur führte dazu, dass Ausweitung des amerikanischen Wirtschaftsraumes unverzichtbar wurde. Absatzmärkte boten Ausweg aus Überproduktion und federten Wachstumskrisen.
- Amerikanische Wirtschaft war dynamisch und provozierte stets sozialen Wandel.
- Florierender Außenhandel verteidigt amerikanischen Lebenswandel und innere Machtstruktur.
- **1890 – 1906/07 heroische Phase des deutschen Imperialismus.**

Merkmale der heroischen Phase		
Deutsche Intelligenz vertritt Ideen zunehmend.	Weltpolitisches, forderndes, hegemoniales Denken ufert aus.	Nationaler Stolz mischt sich mit Mutmaßung.
Aufbau und Stabilisierung direkter Herrschaft.		Fehlende deutsche Anerkennung mischt sich mit Überzeugung eigener Kraft.

- **1892 Brief von Nama Häuptling Witbooi an Häuptling Frederick von Bethanien (540/M3).**
- Witbooi schreibt für beider Wohl, will sich versichern, ob Frederick dem Weißen Herrmann in Nomtsas wohnen lässt.
- Ist dagegen, will Weißen keine Farmplätze überlassen.
- Afrika ist Land roter Häuptlinge, man habe gleiche Farbe und Lebensart, mit Gesetzen die ausreichend sind.
  - Geltende Gesetze ordnen Dinge in Frieden und Brüderlichkeit, nicht mit Härte und Strenge.
  - Gemeinschaft von Gefolgsleuten zweier Häuptlinge ist friedlich, keine Gesetze über Wasser, Weideland, Wege wegen Geld.
  - Fremde dürfen umsonst durchs Land reisen, es umsonst nutzen; das reicht den Eingeborenen.

7

- Gesetze der Weißen diskriminieren Einheimische, sind unausführbar und bedrücken von allen Seiten.
  - Keine Rücksicht auf Umstände der Person.
- Ist ungehalten da Häuptlinge von Großnamaqualand (Deutsches Protektorat) Weißen zu viele Rechte und Einfluss geben.
- Deutsches Reich gibt vor, uns vor anderen, gewaltsamen Nationen zu schützen, jedoch sieht er das Deutsche Reich als eben eine dieser Nation an, da es mit Gewalt regiert und Verbote aufstellt.
  => Ankunft der Deutschen führt nicht zu Frieden, denn sie rühmen sich ihrer Macht und Werke zu sehr.
- **Kulturelle Unterschiede:**
- Urvölker sind gastfreundlich (19-25), Einheimische haben Gesetze für Fairness und Frieden (14-16).
  - Wasser, Weide und Wege für Reisende ohne Gegenleistung, unabhängig von Herkunft / Hautfarbe.
  - Deutsche stellen afrikanischen Völkern unmenschliche Gesetze auf (25-29).
  → Keine Rücksicht auf Lebensumstände der Einheimischen (29-30).
  - Deutsche wollen nur Profit machen (19-21).
  → Arroganz der Deutschen (43) → Deutsche regieren mit Gewalt (39-40).
- **Missverständnisse:**
- Ankunft der Deutschen bringt keinen Frieden und Sicherheit, sondern Krieg und Gewalt (39-42).
  => Deutsches Reich versichert Urvölkern Schutz vor feindlichen Nationen, ist aber selbst eine feindliche Nation.
  - Unverständnis des anderen Stammes, welcher sich unter deutschen „Schutz" stellt (32-34).
  → Deutschen soll keine afrikanische Gastfreundschaft angeboten werden.
- Russland hat Interesse an China, **Kontinentalimperialismus** durch Unterdrückung und Einverleibung.

3 Objektbereiche Russlands.		
1. Einfluss auf Türkei wahren.	2. Durchdringen nach Persien.	3. Mandschurei indirekt kontrollieren.
→ Kontrolle des Bosporus	→ Ausdehnung der eigenen Grenzen.	→ Wirtschaftliche Erschließung Chinas.

=> Russland wollte kein Überseekolonialreich, sondern eigenen Grenzen ausdehnen.
- **1896 Krüger-Depesche von Wilhelm II.**
- Wilhelm II. beglückwünscht Präsident der Buren in Telegramm, erklärt Deutschland zur befreundeten Macht trotz Aufständen der Buren gegen vorenthaltene englische Gleichberechtigung.
  - Einmischen Wilhelms II. in englische Interessen sorgt für Entsetzen in England.
- **1897** Reichskanzler Bülow: „Deutschland soll Platz an Sonne bekommen".
- Deutschland soll *„Hammer oder Amboss"* auf Weltbühne genannt werden.
  → Bruch mit Selbstschutz hin zu aggressiverem Vorgehen.

Warum Wandel zur Weltpolitik?		
Eigenes Kraftgefühl.	Aufbruchstimmung.	Wunsch etwas in Welt zu verändern.
Ansehen gegenüber dem Ausland erhöhen.	Ausbau eigener Macht.	Deutsche Großmannssucht.

→ Wilhelm II.: Präsens auf Weltmeeren zu zeigen sei notwendig.

=> Konfliktpotenzial hoch, obwohl Kolonialpolitik nur Prestige- und Demonstrationspolitik.
- **1897** Kiautschou mit Hafen Tsingtau zur deutschen Kolonie erhoben, unter Vorwand der Ermordung deutscher Missionare.
- **1897** sterben 2/3 der Rinder von den Herero an Viehpest.
  → Herero befinden sich in wirtschaftlicher Abhängigkeit zu Europäern, müssen ihr Land verkaufen.
- Bevölkerung fordert USA zur Seemacht zu machen, darum gab es Kolonien in Übersee.
- Amerikanisch-spanischer Krieg wegen dem Kubaaufstand.
- Folgen: Kuba wird zur Republik, Amerika bekommt Philippinen, Guam und Puerto Rico.
  => Markiert Übergang zum unverhüllten, amerikanischen Kolonialismus.
- Spanien wurde aus Mittelamerika verdrängt, Inselbrücke nach Ostasien gebaut, Karibik wurde zum amerikanischem Meer gemacht, Kanalzone gesichert.
- **1899 Sudanvertrag** zwischen England und Frankreich.
- Beide Nationen stecken ihre Interessen in Afrika grob ab.
  → Friedliche Lösung eines Konfliktes, wichtige Voraussetzung für **Entente Cordiale**.
- **1899 Kipling The white man's burden.**

Bürde				Fremde Völker		
Dienen (4)	Kämpfen (5)	Geduld (13-14)	Arbeit (26)	wild (6)	Gefangene (7)	trotzig (7)
Stolz Einhalt gebieten (12)		Nächstenliebe (18-19)		dumm (14)	faul (22)	Heiden (23; 47)
Zivilisation bringen (18-19 ; 28-29)				störrisch (46)	verurteilend (47)	
Gute, alte Zeiten zurücklassen (49-51)						
=> Prüfungenstein der Erwachsenheit (52)				=> halb Kinder, halb Teufel (8)		

- Durch Wiederholungen nachdrücklich und appellativ.
- Einschätzung:
- Dient zur Legitimation des Imperialismus.
- Missionsgedanke, sowie „der weiße Mann" als Aufbauer / Bringer der Zivilisation.
- Kontrast: „gute" Europäer ↔ „böse" Ureinwohner => Chauvinismus, Rassismus.
- Sinnstiftung trotz Rückschläge.
- **1899 – 1902 Buren Krieg.**
- Annexion von Transvaal und Oranje mit Selbstverwaltung von England.
- Erstmalige Einrichtung von „*concetration camps*".
- Deutschland in Verhandlungen zu England, verhält sich neutral, obwohl Interesse auf Gebiete besteht.
- **21. Juli 1900 Gesuch weißer Einwohner in Kolonien an das Auswärtige Amt (540/M2).**
- **Gestaltung des Zusammenlebens:**
  - Reichstag fordert aus humanen Gründen Prügelstrafe in Kolonien abzuschaffen (1-9), Kolonialisten stellen sich dagegen.
  - Bedrohung der gesunden wirtschaftlichen Entwicklung (11f.).
  - Ureinwohner sind nicht gleichberechtigt, sollen mit Mühe und Strenge erzogen werden (24).
  - Ureinwohner haben gegenüber Weißen nicht frech zu sein, sondern sollen gehorchen (29).
  - Haben keine Ehre; Gefängnisstrafe wäre Verbesserung ihrer Lebenssituation (34).
  - Bsp. Südafrika: Es ist möglich Ureinwohner zu „relativ brauchbarsten" (45) Arbeitern zu erziehen, und nur durch körperliche Züchtigung, sodass sie sich bei Weißen wohlfühlen und gerne für sie arbeiten.
  - Weiße wollen Macht behalten, fürchten Wiedererstarkung der Ureinwohner, wenn Prügelstrafe aufgehoben wird (51-54).

- **1901 Unabhängigkeit Panamas.**
- **1901 – 1909 Präsident Roosevelt** erhebt Anspruch auf Polizeimacht in Lateinamerika.
- Roosevelt verfolgt mit Panamaaktionen geostrategisches Konzept.
  - Panamakanal verkürzt Seeweg von Ost- zur Westküste um 15.000km → Wirtschaft und Marine profitieren davon.
- Panamakanal, Karibik und Co. machen karibisches Meer zum amerikanischen Hinterhof, USA begnügt sich in Asien mit **„Open-Door – Policy"**, greift aber nur auf eigenem Kontinent militärisch durch.
- Durch militärisches Vorgehen und wirtschaftliche Investitionen unterwarfen sich zentralamerikanische Staaten den USA.
- Wichtigste Aktionsfelder des **Dollarimperialismus**: Karibik und Zentralamerika.
- **2. Oktober 1902 Schießbefehl von Trotha (541/M4).**
- Aufstand der mordenden, stehlenden Herero muss beendet werden.
  - Jeder Herero innerhalb der Grenzen wird erschossen, keine weiteren Gefangenen mehr.
  - Soldaten sollen Frauen und Kinder durch scharfes Schießen vertreiben.
  => Truppe soll bekannten deutschen Ruf der Soldaten nicht beschädigen.
    ○ Darum wird Erlass an jedem Morgenappell verlesen.
- **1903 Bagdadbahn** von Konstantinopel zum persischen Golf von Deutschland gebaut.
- **1903** Bau der **Otavibahn** durch einheimisches Siedlungsgebiet.
- Herero müssen Land ohne Abfindung abtreten.
- Zwar keine Landnot, aber waren Herero <u>Halbnomaden</u> und an viel Platz gewöhnt.
  → Mussten sich eingeschränkt gefühlt haben.

Ursachen des Hererokrieges		
Europäer nehmen Herero Weideland und Vieh weg. => Existenzgrundlage der Herero.	Soziale Diskriminierung.	Allgemeine Rechtsunsicherheit.

- **1904 – 1907 Hererokrieg in Deutschsüdwestafrika.**
- **12. Januar 1904** Bewaffnete Herero überfallen Farmhäuser, dringen in Handels- und Militärstationen ein.
- Töten mehr als 100 Weiße in wenigen Tagen, aber keine Missionare, Frauen oder Kinder.
- Von Trotha befehligt zeitweise 15.000 Soldaten, Herero am Waterberg umzingelt und in wasserlose Wüste getrieben.
- **Anfang Mai 1904** von Trotha erhält keine neuen Instruktionen vom Kaiser.
- Ließ ihn aber wissen, dass Aufstand mit allen Mitteln beenden möchte.
- Deutschland Herrschaft weiter aus, unterdrückt einheimische Bevölkerung.
- Zeitgenossen von deutscher Kolonialpolitik schockiert, Verhalten von Trotha im Reichstag heftig kritisiert.
- **4. Oktober 1904 Von Trotha an General Schlieffen (541/M5).**
- Fragt sich wie Krieg mit Herero zu beenden sei.
  - Gouverneure wollen verhandeln, da Herero notwendiges Arbeitsmaterial für künftige Verwendung des Landes sind.
  - Von Trotha denkt, dass Nation taktisch vernichtet werden solle oder operativ mit Detail-Behandlung aus Land ausgewiesen.
    - Bewegliche Kolonnen sollen Wasserstellen besetzen und aus Wüste kommende Hereros aufreiben und vernichten.

> **Gut zu Wissen!**
> **Umgang mit Herero.**
> Wegen Otavibahn mussten sie Land ohne Abfindung abtreten, Nomaden fühlten sich eingeengt. Schulden verjähren nach 1 Jahr, mit Viehpfändungen eingetrieben, kam Kriegs-erklärung gleich.

→ Truppen in Wüste zu schicken ist wegen Versorgungsengpässen nicht möglich.
- Weiß nicht wie erfolgreich Truppen beim Besetzen der Wasserquellen sind, um Herero zu verdrängen.
  - Falls erfolgreich werden Herero entweder bis zur Regenperiode in Wüste bleiben, über englische Grenze fliehen oder versuchen Weideplätze gewaltsam zurückzunehmen.
- Ist nicht befugt ohne kaiserliche Anweisung mit Herero zu verhandeln.
  - Wird Kolonien streng bestrafen, wenn Verhandlungen gestartet. Übernimmt Verantwortung, da keine Befehle vom Kaiser.
- Hat Erfahrung mit afrikanischen Stämmen, beugen sich nur roher Gewalt, keinen Verträgen.
- Hat Gefangene nach Kriegsrecht gehängt.
  - Frauen und Kinder mit Proklamation an ihr Volk zurück in Wüste geschickt.
  - Deren Aufnahme ist Gefahr für Truppe, da sie krank sind; deren Versorgung ist unmöglich.
  => Untergang der Nation als richtiger empfunden, als das Unausweichliche unter Verlust von Nahrung hinauszuzögern.
- Herero müssen in englische Kolonien fliehen oder in Wüste sterben.
- Aufstand sei Beginn eines Rassenkampfes, welchen er schon 1897 vorausgesagt hatte.
- **Vorgehensweise im Krieg gegen die Herero.**
- Lösungsvorschlag des Gouverneurs und einiger Afrikaner: Frieden durch Verhandlungen.
- Lösungsvorschlag des Generals von Trotha: Vernichtung oder Exil, keine Gnade.
  - Gezielte Vernichtung durch militärische Schläge oder Vertreibung aus Land in Wüste.
  → Trockenzeit = Wassermangel, dazu besetzen von Wasserstellen und Aushungern der Herero.
- Seuchengefahr, Soldaten leben mit Nahrungsminimum, keine Unterscheidung von Mann, Frau und Kindern.
  => Problem: Grenzen zu britischen Kolonien zu überschreiten birgt neue Konflikte der Einheimischen mit Engländern.
- Wertung als Rassenkampf, Rechtfertigung: Milde = Schwäche, Verträge seien nichtig, da nur Gewalt verstanden werde.
- **1905 – 1906 Maji – Maji Aufstand** in Deutschostafrika niedergeschlagen.
- 80.000 Herero werden zu 16.000 dezimiert, tausende verdursteten, Überlebende wurden gefangen genommen, Stamm der Nama von 20.000 auf 10.000 Mann reduziert.
- **Maji - Aufstand** und **Hereroaufstand** führten zur Neugestaltung vor Erstem Weltkrieg.
  - Verwaltungsreformen, geförderte Kolonialwirtschaft, Beachtung und Wertschätzung der traditionellen Ordnung.
  => Kolonialwirtschaft entfaltete sich.
  - Neubeginn stand im Schatten der Gesamtaußenpolitik.
- **1906 Leutwein schildert seine Erfahrungen in Deutschsüdwestafrika (542/M6).**
  - War Gouverneur von Deutschsüdwestafrika von **1894 – 1905.**
- Es gibt 3 wirtschaftliche Werte einer Kolonie: Bergbau, Viehzucht und eingeborene Arbeiter.
  - Deutschland hat Viehzucht völlig zerstört, eingeborene Arbeiter zu 2/3.
- Um wirtschaftlichen Nutzen einer Kolonie zu erhalten, müssen Überlebende erhalten und Zufrieden gestellt werden.
  - Eingeborene nicht in Reservate einsperren, sondern ihnen (neues) Land geben und Landverkauf verbieten.
  - Eingeborenenregierung ist für Wohlverhalten der Eingeborenen gegenüber Weißen zu errichten.
  - Schutz von Leben und Eigentum wie im Vaterland konnte nur garantiert werden wegen Eingeborenenregierung.
  - Eingeborene lassen sich lieber von ihresgleichen regieren als von Weißen.
  - Isonomie für beide Rassen gefordert, dennoch soll Richter über Glaubwürdigkeit der Aussagen

11

entscheiden.
- Eingeborene dürfen Weiße nicht richten.
- Stämme sollen entrechtet werden, nicht Individuen, weil Ruf als gesittete Großmacht zum Schutz der Schwachen wichtig ist.
- Nur Zwang zur Arbeit ist erlaubt, sollte aber durch Abgaben an Staat ausgeglichen werden.
- Herkunft des Geldes interessiert dabei nicht.
- **Richtlinien zum Umgang mit den Eingeborenen:**
- Eingeborene erhalten und zufrieden stellen. So viel Land wie nötig, aber nicht mehr als Bedarf geben.
- Eingeborenenregierung → Für Wohlverhalten der Ureinwohner gegenüber der weißen Regierung => Identifikation.
- Schutzgebiet für Leben und Eigentum, Gleichstellung beider Rassen vor Gericht.
  → Eingeborener nie über Weißen richten.
  → Weißer Richter darf Aussagen beurteilen, wird Weißen immer bevorzugen.
- Entrechtung der Stämme führt nicht zur Entrechtung der Individuen.
- Arbeitspflicht und Steuerpflicht sollen Staatsverwaltung erhalten.
- **1909** gesellschaftliche und politische Spannungen nehmen zu, breiten Imperialismus indirekt aus.
- Interessenverbände (*Alldeutscher Verband, deutscher Kolonialverein*) entwerfen expansive Programme.
- Wollten bürgerliche und konservative Parteien vereinen, antiimperialistischer Sozialdemokratie entgegenwirken.
- Wilhelm II. verkörperte illusionären Imperialismus in Mischung aus Reizbarkeit und Empfindung einer Einkreisung in Welt voller Feinde.
- **Zusammenbruch des Imperialismus.**
- Deutsches Kolonialreich brach mit **Erstem Weltkrieg** zusammen.
- Europäischer Imperialismus hat zwei Gesichter: <u>Europäisches</u> und <u>Überseeisches</u>.

Nationaler Prestigegewinn von außenpolitischen Spannungen begleitet.	Soziale Frage von Industrialisierung gelöst (bot Industrieproletariat neue Erwerbsmöglichkeiten), nicht durch Kolonien.	Wirtschaft nur um 0,6 % angestiegen, keine größere **Auswanderung**. Ausbau direkter Herrschaft und Infrastruktur verschlang hohe Kosten.	Kulturelle Annäherung, da westliche Ideale, Lebensstile, Technologien, Wissenschaften und Politikmodelle in Kolonien gelangten und von Eliten übernommen wurden.
Besitz von Kolonien war Luxus, kein Nutzen für Politik und Öffentlichkeit.	Deutsche Kolonialpolitik enttäuscht gesellschaftliche, wirtschaftliche und nationale Leitvorstellungen.	Wirtschaftliche Erwartungen in keinem Imperialstaat erfüllt worden.	Kulturelle, soziale und wirtschaftlichen Traditionen zerstört, aber zum Teil auch Modernisierung der Tradition. Einheimische rassistisch misshandelt, kulturelle Unterlegenheit aufgezeigt.

=> Deutschland griff stark in Sozial- und Wirtschaftsform ein, obwohl z.B. Ausbau der Infrastruktur Kolonien nutzte.

=> Imperialismus nicht nur Geschichte der Ausbeutung, sondern auch der Neugestaltung, jedoch unter Zerstörung einheimischer Politik, Wirtschaft, Kultur, Gesellschaft und allem Sozialen.